Impressum
Verlag: BABADADA GmbH, Nedderfeld 112 , 22529 Hamburg
Geschäftsführer / Verlagsleitung: Harald Hof
Druck: Books on Demand GmbH, In de Tarpen 42, 22848 Norderstedt

Imprint
Publisher: BABADADA GmbH, Nedderfeld 112 , 22529 Hamburg, Germany
Managing Director / Publishing direction: Harald Hof
Print: Books on Demand GmbH, In de Tarpen 42, 22848 Norderstedt

学校

isikole

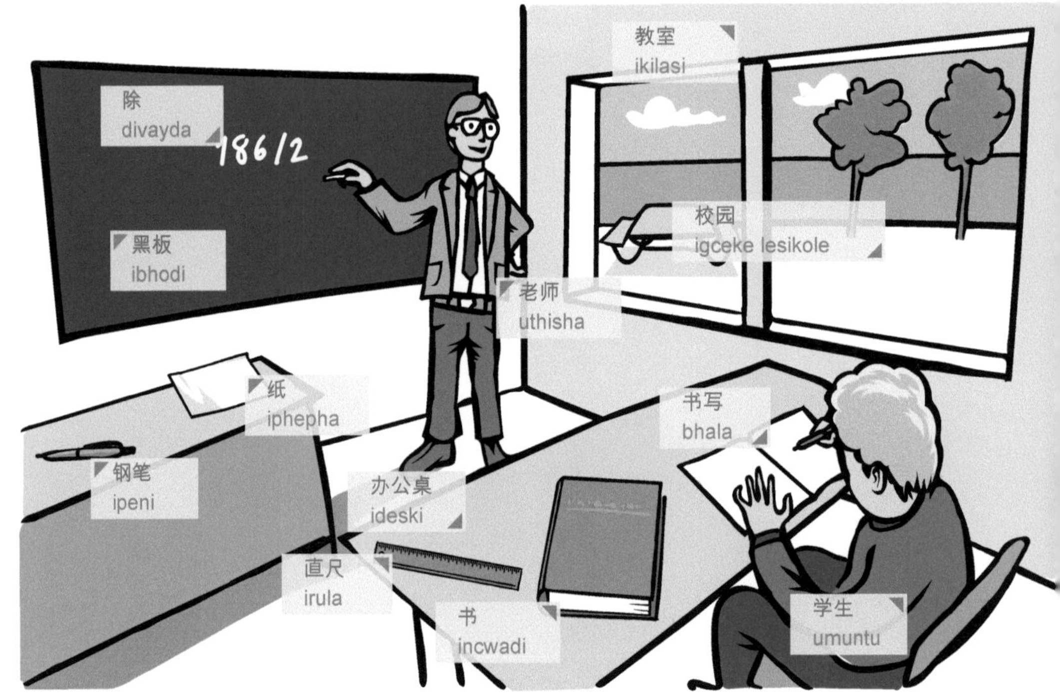

教室
ikilasi
除
divayda
186/2
校园
igceke lesikole
黑板
ibhodi
老师
uthisha
纸
iphepha
书写
bhala
钢笔
ipeni
办公桌
ideski
直尺
irula
书
incwadi
学生
umuntu

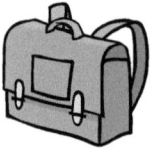

书包

isikhwama

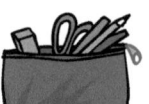

铅笔盒

isikwama sepeni

铅笔

ipensela

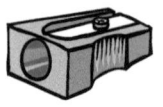

卷笔刀

umshini wokulola

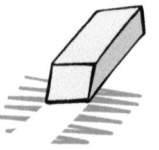

橡皮擦

irabha

画板

indawo yokudweba

图画

ukudweba

画笔

ibrashi lokupenda

颜料盒

ibhokisi lokupenda

剪刀

isikelo

胶水

inomfi

练习册

incwadi yesikole

家庭作业

umsebenzi wasekhaya

数字

inamba

加

hlanganisa

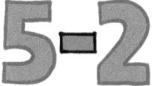

减

susa

乘

phindaphinda

计算

bala

字母

incwadi

字母表

izinhlamvu zamagama

字

igama

课文
umbhalo

读
funda

粉笔
ushoki

上课
isifundo

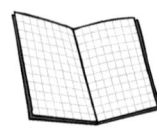

登记
bhalisa

考试
isivivinyo

证书
isitifiketi

校服
iyunifomu yesikole

教育
imfundo

百科全书
i-encyclopedia

大学
inyuvesi

显微镜
isibonakhulu

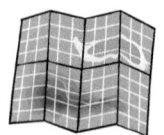

地图
ibalazwe

废纸筐
ibhaskidi yokulahla
amaphepha

旅行

ukuhamba

酒店
ihhotela
Grand
青年旅社
ihositela
ROOMS
外币兑换处
i-bureau de change
手提箱
i-suitcase
汽车
imoto

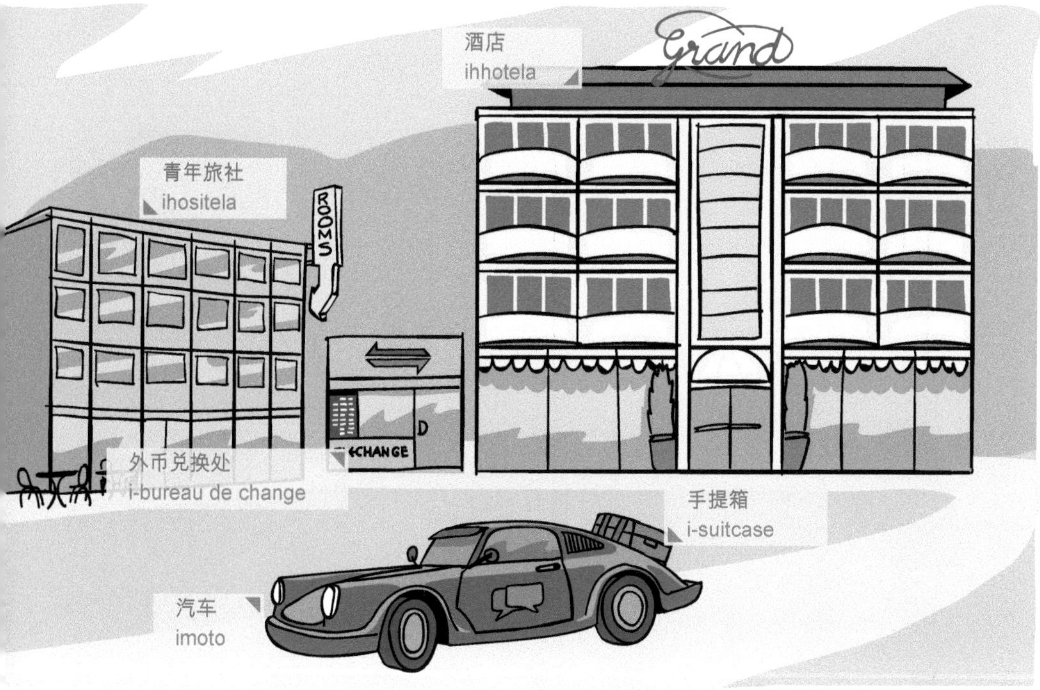

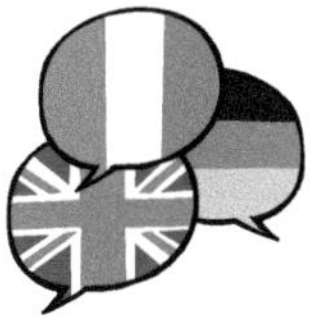

语言

ulimi

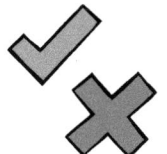

是/否

yebo / cha

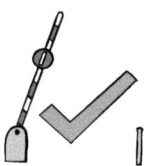

好的

kulungile

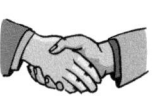

您好

sawubona

翻译员

umhumushi

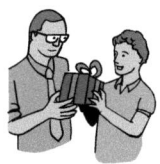

谢谢

Ngiyabonga

……多少钱？

iyimalini i...?

我不明白

angiqondi

问题

inkinga

晚上好！

Intambama enhle!

早上好！

Sawubona!

晚安！

Ulale kahle!

再见

bye bye

方向

isiqondiso

行李

izikhwama

包

isikhwama

双肩包

ubhakha

客人

isivakashi

房间

igumbi

睡袋

isikhwama sokulala

帐篷

ithende

旅游信息

iminiingwane yamathoristi

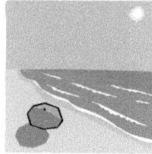

海滩

ulwandle

信用卡

ikhadi lesikweletu

早餐

ukudla kwasekuseni

午餐

ukudla kwasemini

晚餐

ukudla kwasebusuku

票

ithikithi

电梯

i-lift

邮票

isitembu

边界

ibhoda

海关

amasiko

大使馆

inxusa

签证

ivisa

护照

iphasiphothi

交通运输

izinto zokuhamba

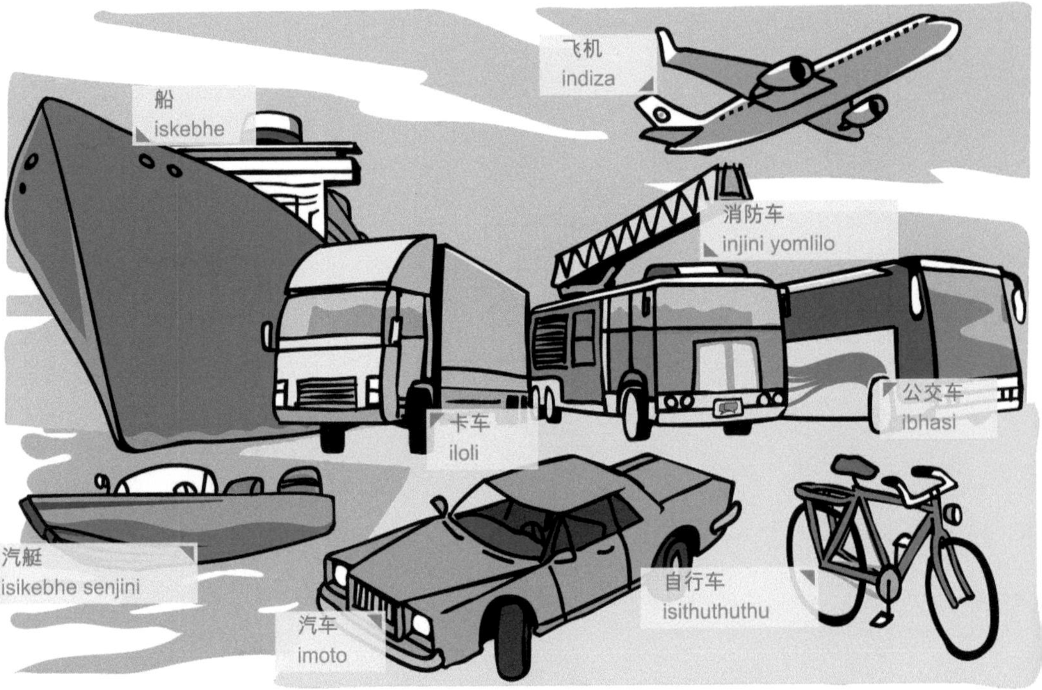
飞机
indiza
船
iskebhe
消防车
injini yomlilo
公交车
ibhasi
卡车
iloli
汽艇
isikebhe senjini
自行车
isithuthuthu
汽车
imoto

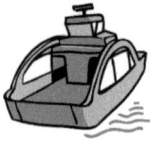

摆渡船

isikebhe

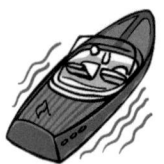

小船

isikebhe

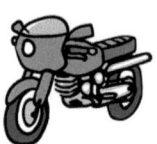

摩托车

isithuthuthu

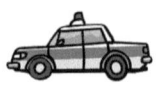

警车

imoto yamaphoyisa

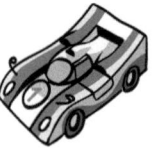

赛车

imoto ejahayo

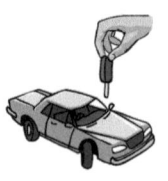

租车

imoto eqashiwe

拼车
ukurenta imoto

拖车
iloli eliphukile

垃圾车
ithrakhi

发动机
injini

汽油
amafutha

加油站
indawo yokuthela uphethiloli

交通标志
uphawu lwethrafikhi

交通
ithrafikhi

交通堵塞
ithrafikhi enkulu

停车场
indawo yokupaka izimoto

火车站
isitashi sesitimela

轨道
amaloli

火车
isitimela

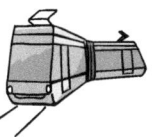

电车
ithilamu

货车
inqola

直升机

ihelikhoptha

机场

isikhungo sezindiza

塔

umphongolo

乘客

iphasenja

集装箱

ikhonteyna

纸板箱

ikhathoni

手推车

inqola

篮子

ubhasikidi

起飞/降落

ukusuka / ukwehla

城市

idolobha

村庄

isigodi

市中心

i-city centre

房子

indlu

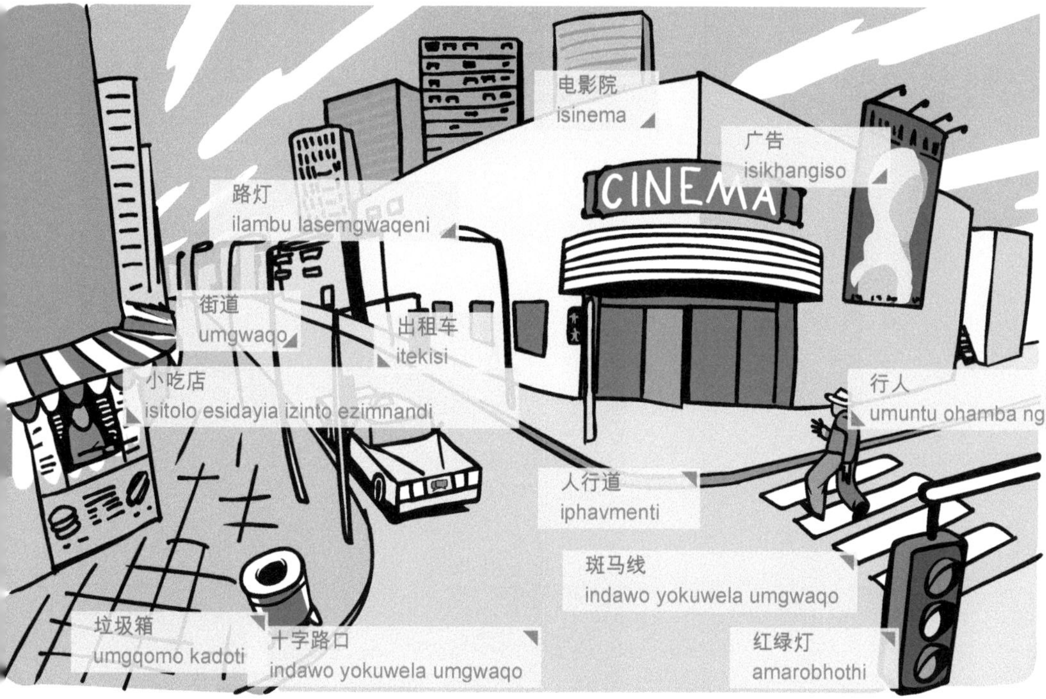

CINEMA
电影院
isinema
广告
isikhangiso
路灯
ilambu lasemgwaqeni
街道
umgwaqo
出租车
itekisi
小吃店
isitolo esidayia izinto ezimnandi
行人
umuntu ohamba nge
人行道
iphavmenti
斑马线
indawo yokuwela umgwaqo
垃圾箱
umgqomo kadoti
十字路口
indawo yokuwela umgwaqo
红绿灯
amarobhothi

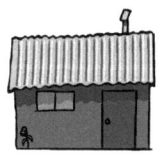

小屋

indlu yodaka

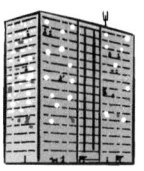

公寓

i-flat

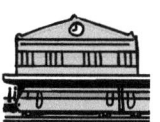

火车站

isitashi sesitimela

市政厅

i-town hall

MUSEUM

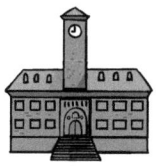

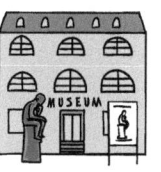

博物馆

imuzilemu

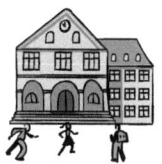

学校

isikole

大学

inyuvesi

银行

ibhange

医院

isibhedlela

酒店

ihhotela

药房

ikhemisi

办公室

i-ofisi

书店

isitolo sezincwadi

商店

esitolo

花店

istolo sezimbali

超市

emakethe enkulu

市场

imakethe

百货商店

isitolo somnyango

鱼店

i-fishmonger's

购物中心

isikhungo sezitolo

海港

isikhungo semikhumbi

公园
ipaki

长凳
ibhentshi

桥
ibhuloho

楼梯
izitezi

地铁
ngaphansi komhlaba

隧道
umhubhe

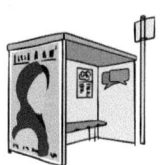

公交车站
istobhu sebhasi

酒吧
i-bar

餐馆
isitolo sokudlela

邮筒
eposini

路标
uphawu lwasemgwaqeni

停车计时器
umshini wokukhokhela
ukupaka

动物园
esiqiwini

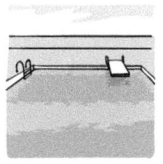

游泳馆
indawo yokubhukuda

清真寺
i-mosque

农场
ifamu

污染
ukungcola

墓地
amagcwaba

教堂
isonto

操场
igrawundi lokudlala

寺庙
ithempeli

地形
ingadi

树叶
icembe

指示牌
mpambano mgwaqo

路
indlela

草地
idlelo

石头
itshe

树
isihlahla

徒步旅行者
umqwali wezintaba

河
umfula

草
utshani

花
imbali

峡谷

isigodi

山

intaba

湖

ichibi

森林

ihlathi

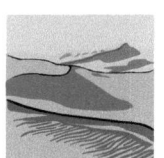

沙漠

ogwadule

火山

intaba mlilo

城堡

isigodlo

彩虹

uthingo

蘑菇

ikhowe

棕榈树

isihlahla sesundu

蚊子

umiyane

苍蝇

ukundiza

蚂蚁

intuthwane

蜜蜂

inyosi

蜘蛛

isicabucabu

地形 - ingadi

甲虫
ibhungane

青蛙
ixoxo

松鼠
i-squirrel

刺猬
i-hedgehog

野兔
unogwaja

猫头鹰
isikhova

鸟
izinyoni

天鹅
idada

野猪
intibane

鹿
inyamazane

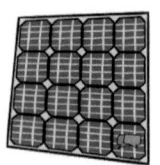

麋鹿
i-moose

水坝
idamu

风力发电机
i-wind turbine

太阳能电池板
i-solar panel

气候
isimo sezulu

餐馆

isitolo sokudlela

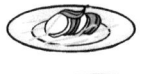

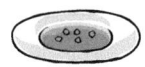

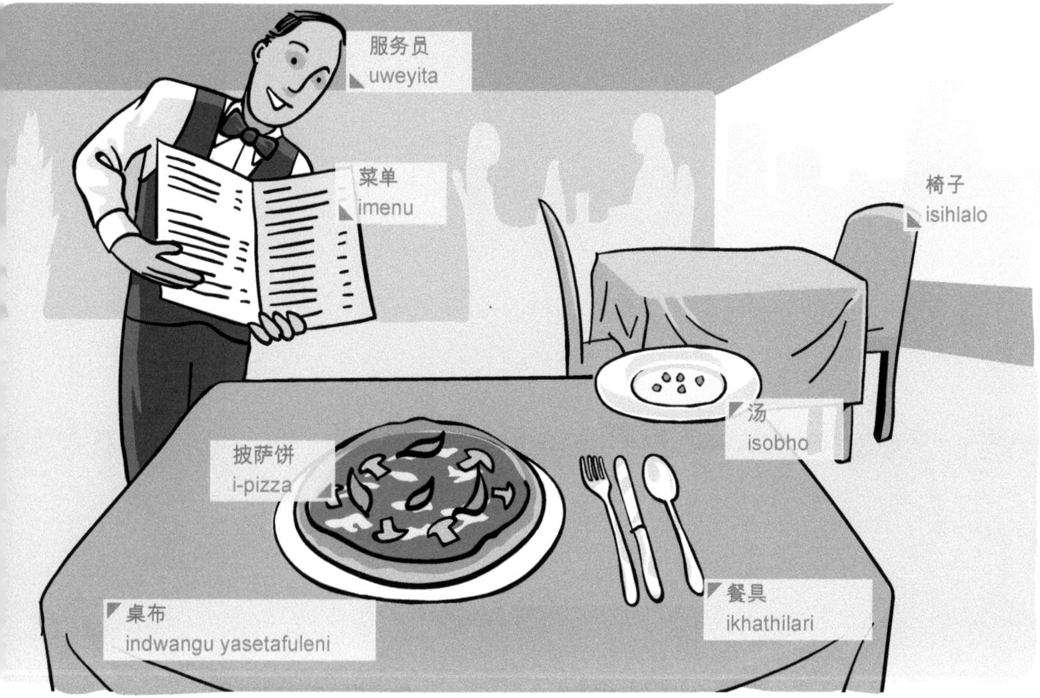
服务员
uweyita
菜单
imenu
椅子
isihlalo
汤
isobho
披萨饼
i-pizza
餐具
ikhathilari
桌布
indwangu yasetafuleni

前菜

ukudla okulula

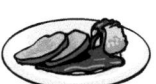

主菜

isidlo

甜点

idizethi

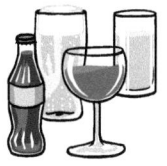

饮料

iziphuzo

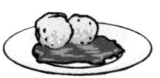

食物

ukudla

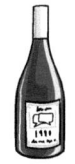

瓶子

ibhodlela

快餐

ukudla okulula

街边小吃

ukudla okudayiswa
emgwaqeni

茶壶

ithiphothi

糖盒

isitsha sikashukela

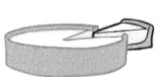

一份饭菜

ingxenye

意式咖啡机

umshini we-ekspreso

高脚椅

isitulo esiphezulu

账单

izindleko

托盘

ithreyi

刀

ummese

餐叉

imfologo

勺子

ispuni

茶匙

ithispuni

餐巾

indawo yokusula umlomo

玻璃杯

igilasi

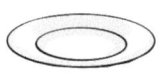

碟子
ipuleti

汤盘
ipuleti lesobho

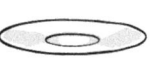

碟子
isoso

酱
isosi

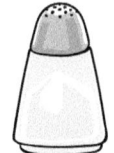

盐瓶
isitsha sasawoti

胡椒磨
isitsha sephepha

醋
uviniga

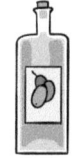

食用油
amafutha

调味料
izinongo

番茄酱
isosi yetamatisi

芥末
isosi yesinaphi

蛋黄酱
imayonesi

超市

emakethe enkulu

特价
amanani akhethekile
FOR
顾客
ikhasimende
乳制品
ukudla okwenziwe ngobisi
水果
isithelo
购物车
ithroli

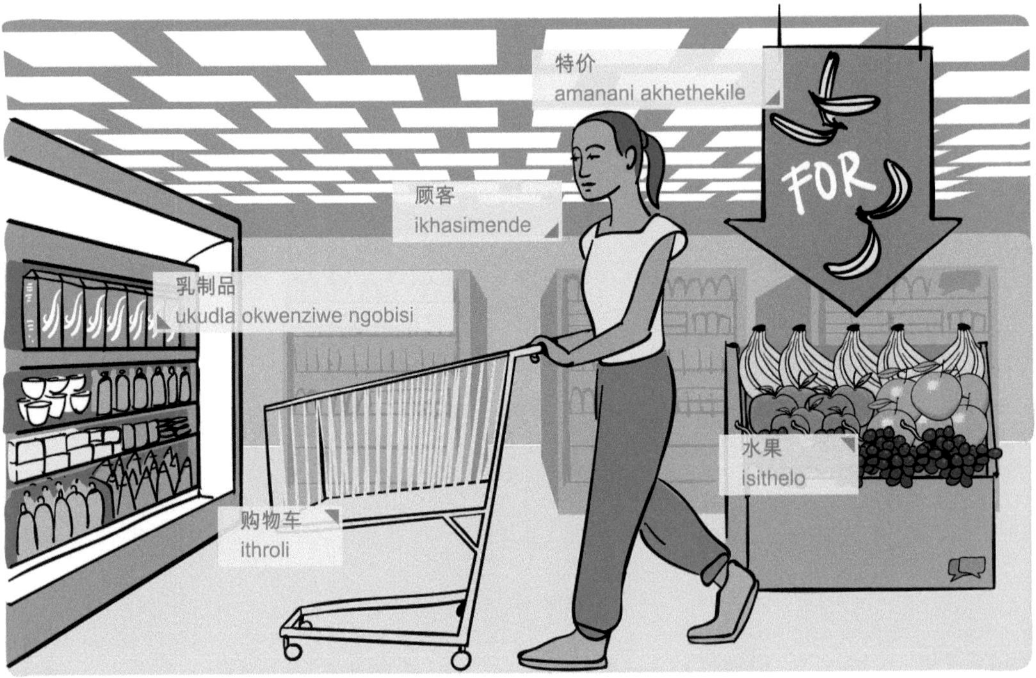

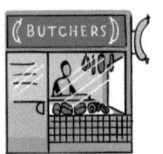

BUTCHERS

肉铺

ebhusha

BAKERY

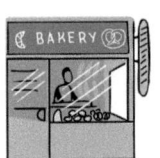

面包房

isitolo esidayisa isinkwa

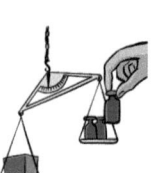

称重

kala

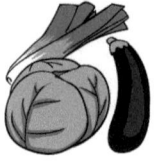

蔬菜

amaveji

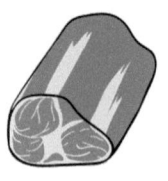

肉

inyama

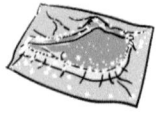

冷冻食品

ukudla okubandayo

冷盘

inyama ebandayo

罐头食品

ukudla okusethinini

洗衣粉

insipho yokuwasha
enguphawuda

甜食

oswidi

日用品

izinto zasendlini

清洁用品

izinto zokuhlanza

销售员

umuntu odayisayo

收银机

ithili

收银员

umbali wemali

购物清单

izinto okumelwe zithengwe

开放时间

amahora okuvula

钱包

uwolethi

信用卡

ikhadi lesikweletu

袋子

isikhwama

塑料袋

isikwama sepulastiki

水

amanzi

果汁

ijusi

牛奶

ubisi

可乐

i-coke

红酒

iwayini

啤酒

ubhiya

酒

utshwala

可可

i-cocoa

茶

itiye

咖啡

ikhofi

意式浓缩咖啡

i-ekspreso

卡布奇诺

ikhaphachino

香蕉

ubhanana

苹果

i-apula

橙子

i-olintshi

西瓜

ikhabe

柠檬

ulamula

胡萝卜

ukherothi

大蒜

ugaligi

竹子

umhlanga

洋葱

u-anyanisi

蘑菇

ikhowe

坚果

amakinati

面条

ama-noodle

意大利面条

isipagethi

米饭

iraysi

沙拉

isaladi

薯条

ama-chips

炸土豆

amazambane athosiwe

披萨饼

i-pizza

汉堡包

ibhega

三明治

isendiwichi

炸猪排

inyama engenathambo

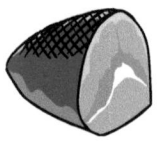

火腿

ham

萨拉米

salami

香肠

isoseji

鸡肉

inkukhu

烤肉

yosiwe

鱼

inhlanzi

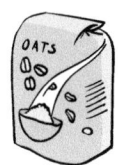

燕麦片

iphalishi le-oats

穆兹利

i-muesli

玉米片

ama-cornflakes

面粉

uflulawa

羊角面包

i-croissant

面包卷

isinkwa esiyiroli

面包

isinkwa

烤面包

i-toast

饼干

amabhiskidi

黄油

ibhotela

凝乳

i-curd

蛋糕

ikhekhe

蛋

iqanda

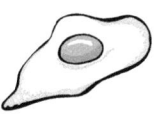

煎蛋

iqanda elithosiwe

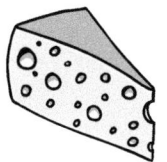

奶酪

ushizi

冰激凌

i-ice cream

糖

ushukela

蜂蜜

uju

果酱

ujamu

巧克力酱

ispredi sikashokholedi

咖喱饭

isitshulu

农场

ifamu

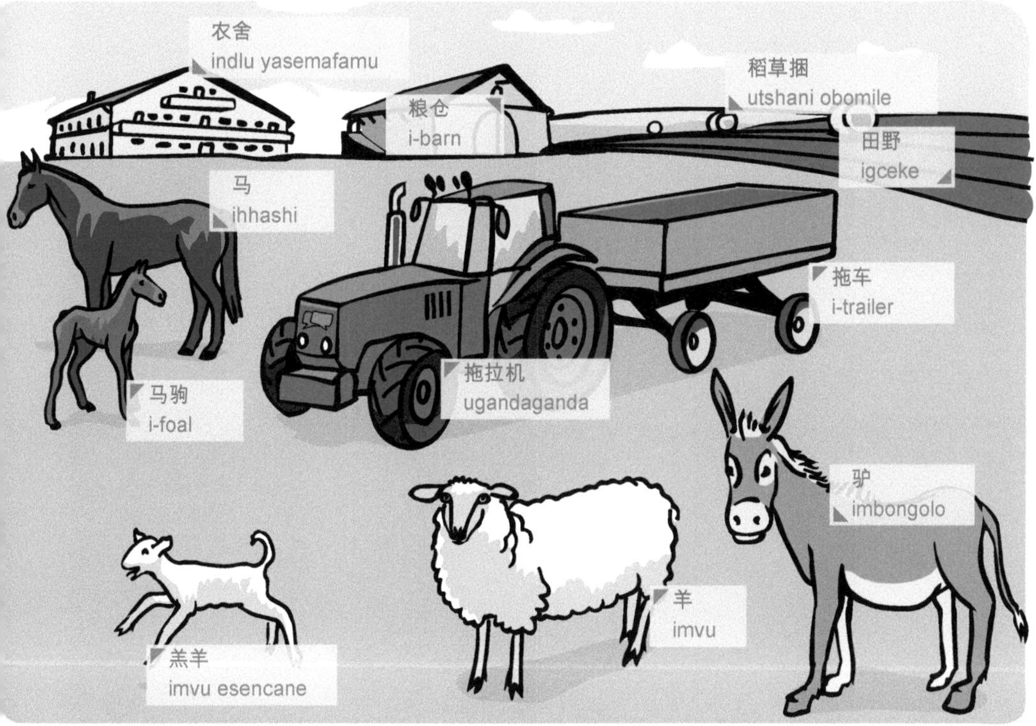

农舍
indlu yasemafamu
稻草捆
utshani obomile
粮仓
i-barn
田野
igceke
马
ihhashi
拖车
i-trailer
拖拉机
ugandaganda
马驹
i-foal
驴
imbongolo
羊
imvu
羔羊
imvu esencane

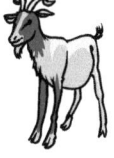

山羊

imbuzi

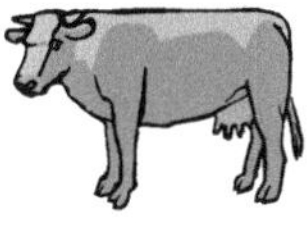

奶牛

inkomo

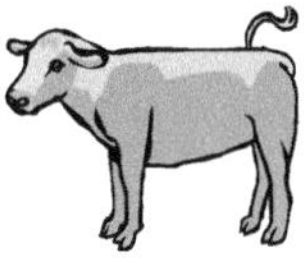

牛犊

ithole

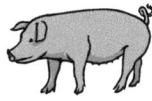

猪

ingulube

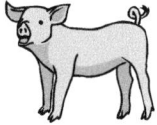

小猪

ingulube esencane

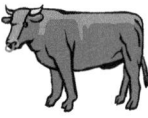

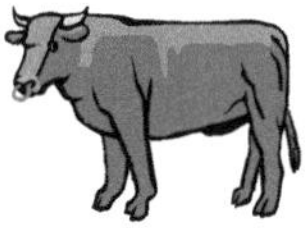

公牛

inkunzi

鹅

ihansi

鸭

idada

小鸡

ichwane

母鸡

isikhukhukazi

公鸡

iqhude

鼠

igundwane

猫

ikati

老鼠

igundwane

牛

inkabi

狗

inja

狗屋

indlu yenja

花园浇水软管

ipayipi lokunisela

洒水壶

ikani lokunisela

长柄大镰刀

ucelemba

犁

igeja

镰刀

isikela

锄头

ukhuba

长柄草耙

imfoloko

斧头

imbazo

独轮手推车

ibhala

饲料槽

umkhombe

牛奶罐

ubusi olusekanini

麻布袋

isaka

栅栏

ifensi

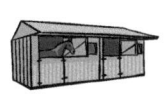

马厩

esitebhilini

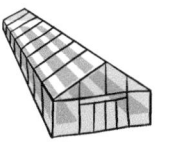

温室

i-greenhouse

土壤

inhlabathi

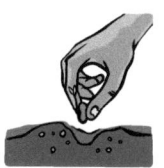

种子

imbewu

肥料

umanyolo

联合收割机

ukuvuna okuhlanganisiwe

收割

vuna

收割

isivuno

山药

ama-yam

小麦

ukolweni

大豆

umbhontshisi

土豆

amazambane

玉米

ummbila

油菜籽

i-rapeseed

果树

isihlahla sezithelo

树薯

umdumbula

谷物

amasiriyeli

房子

indlu

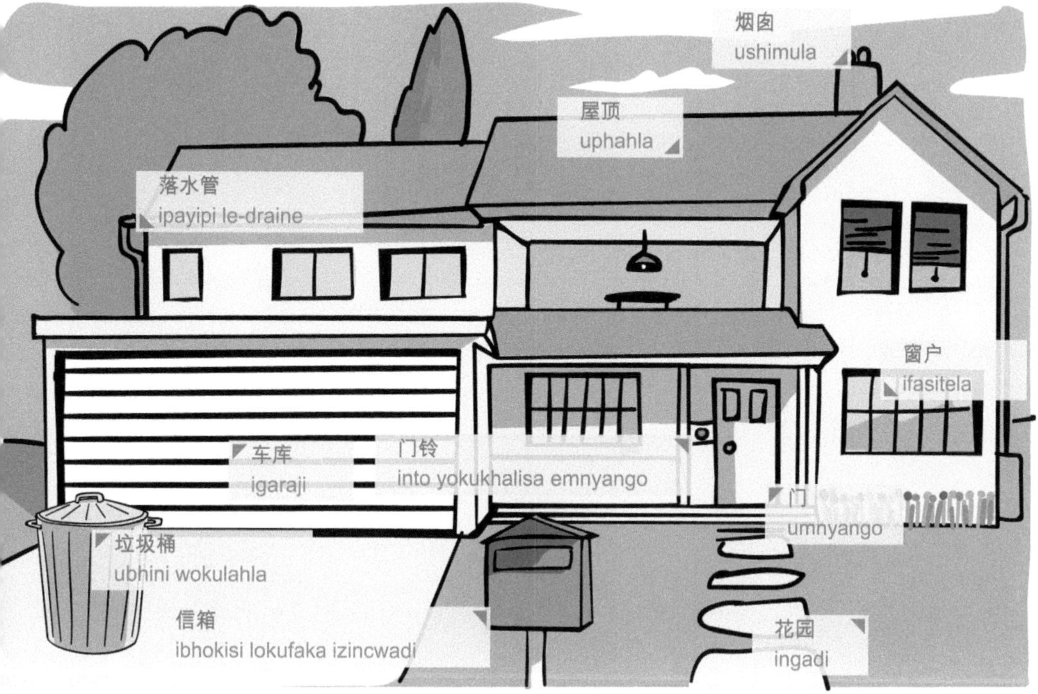

烟囱
ushimula
屋顶
uphahla
落水管
ipayipi le-draine
窗户
ifasitela
车库
igaraji
门铃
into yokukhalisa emnyango
门
umnyango
垃圾桶
ubhini wokulahla
信箱
ibhokisi lokufaka izincwadi
花园
ingadi

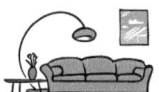

客厅

igumbi lokuhlala

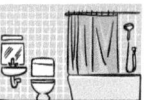

浴室

igumbi lokugeza

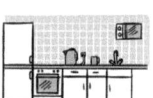

厨房

ikhishi

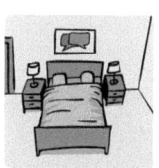

卧室

igumbi lokulala

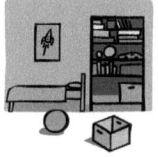

儿童房

igumbi lezingane

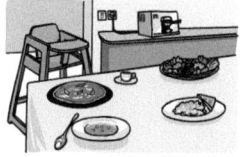

餐厅

igumbi lokudlela

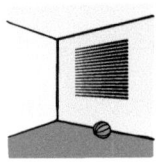

地板

phansi

墙壁

udonga

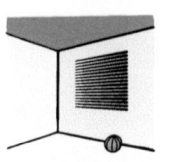

吊顶

usilingi

地窖

i-cella

桑拿

i-sauna

阳台

ibhalconi

露台

i-terrace

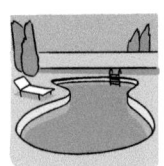

游泳池

iphuli

割草机

umshin wokugunda utshani

被单

ishidi

床罩

ingubo yokulala

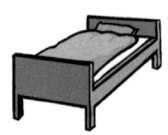

床

umbhede

扫帚

umshanelo

水桶

ibhakede

开关

i-switch

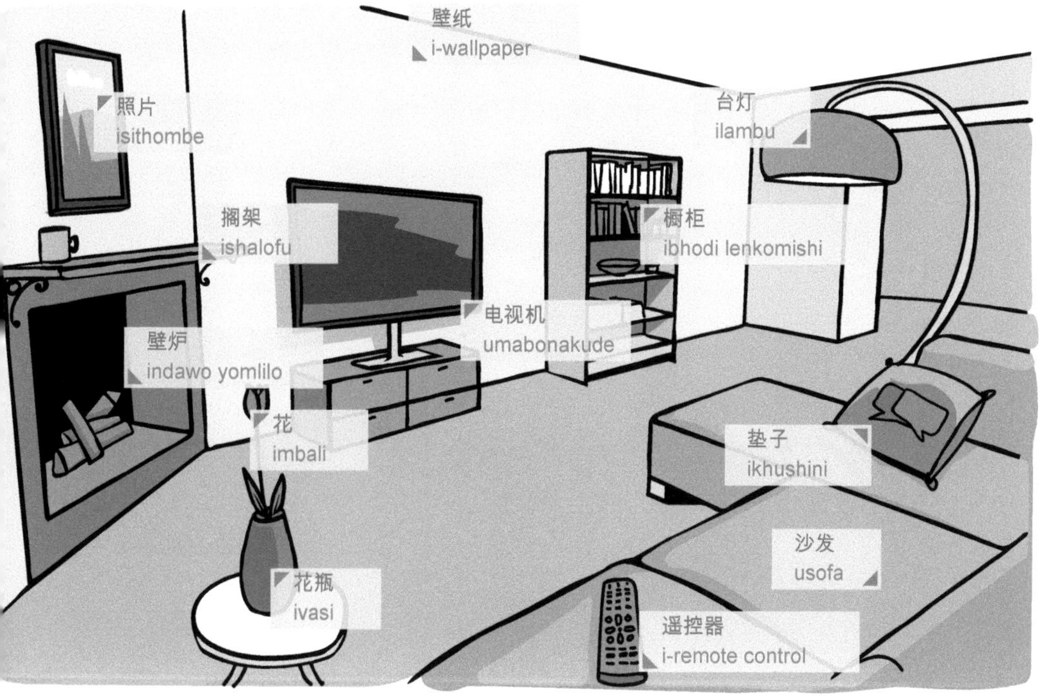

壁纸
i-wallpaper

照片
isithombe

台灯
ilambu

搁架
ishalofu

橱柜
ibhodi lenkomishi

电视机
umabonakude

壁炉
indawo yomlilo

花
imbali

垫子
ikhushini

沙发
usofa

花瓶
ivasi

遥控器
i-remote control

地毯
ukhaphethe

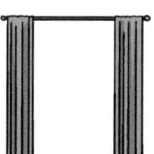

窗帘
ikhethini

餐桌
itafula

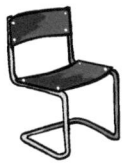

椅子
isihlalo

摇椅
isihlalo esinyakazayo

扶手椅
isihlalo esingangengalo

书

incwadi

毯子

ingubo

装饰品

ukuhlobisa

木柴

izinkuni zokubasa

电影

ifilimu

高保真音响

izinto ze-hi-fi

钥匙

ukhiye

报纸

iphephandaba

油画

ukupenda

海报

iphosta

收音机

umsakazo

笔记本

i-notepad

吸尘器

ihuva

仙人掌

i-cactus

蜡烛

ikhandlela

厨房

ikhishi

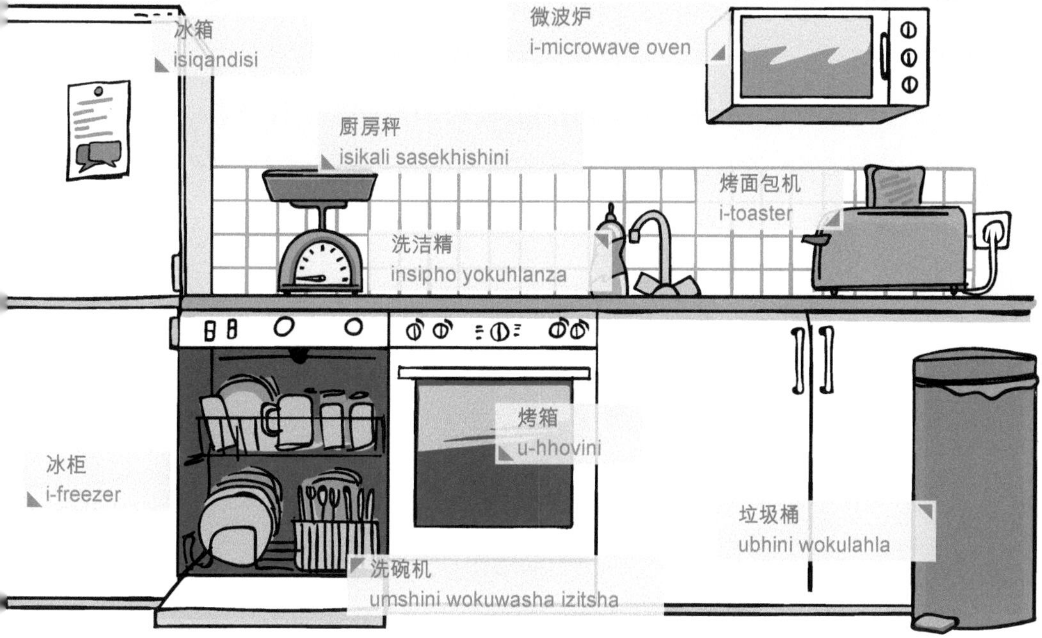

冰箱
isiqandisi
微波炉
i-microwave oven
厨房秤
isikali sasekhishini
烤面包机
i-toaster
洗洁精
insipho yokuhlanza
烤箱
u-hhovini
冰柜
i-freezer
垃圾桶
ubhini wokulahla
洗碗机
umshini wokuwasha izitsha

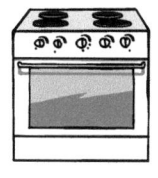

炊具

umshini wokupheka

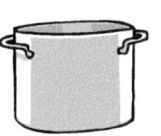

锅

ibhodwe

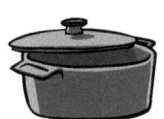

铸铁锅

ibhodwe le-cast iron

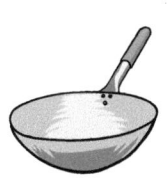

炒锅

i-wok / kadai

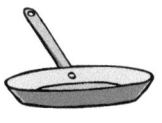

平底锅

ipani

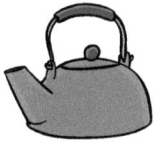

水壶

iketela

蒸锅

i-steamer

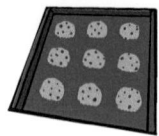

烤盘

ithreyi lokubhaka

陶瓷锅

izitsha zokudla

马克杯

imaki

碗

isitsha

筷子

izinti zendwangu

长柄勺

isixembe sokuphaka

铲子

ispathula

搅拌器

i-whisk

滤网

i-strainer

筛子

isisefo

磨碎机

igretha

研钵

isitsha sodaka

烧烤

i-barbecue

明火

umlilo

菜板

ibhodi lokuqoba

擀面杖

ipini lokurola

开瓶器

iskrew

罐子

ikani

开罐器

into yokuvula ikani

隔热手套

indwangu yokubamba
ibhodwe

水槽

usinki

刷子

i-brush

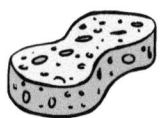

海绵

isiponji

搅拌机

ibhlenda

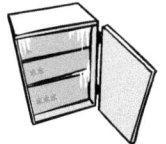

冷藏箱

i-deep freezer

奶瓶

ibhodlela lengane

水龙头

umpompi

浴室

igumbi lokugeza

淋浴
ishawa
供暖设备
isifudumezo
毛巾
ithawula
浴帘
ikhethini leshawa
泡沫浴
insipho yokugeza eyenza amagwebu
浴缸
ubhavu
玻璃杯
igilasi
洗衣机
umshini wokuwasha
水龙头
umpompi
瓷砖
amathayizi
便壶
ithoyilethi lezingane
水槽
usinki

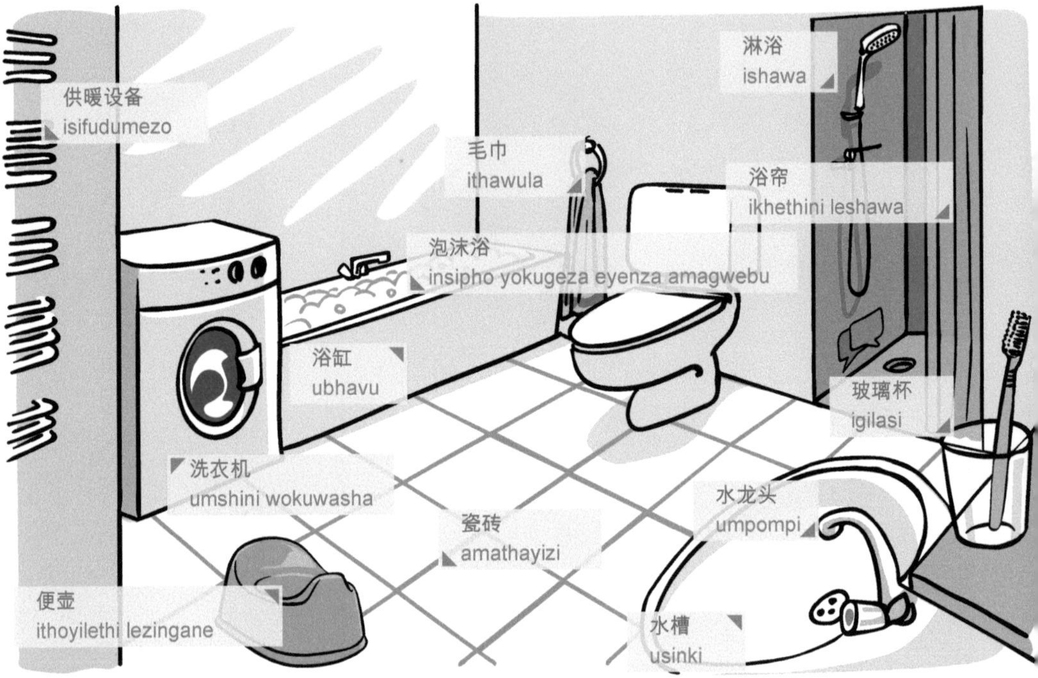

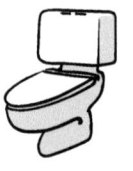

厕所

ithoyilethi

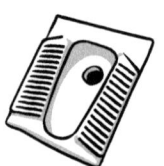

蹲便器

ithoyilethi oqoshama kuyo

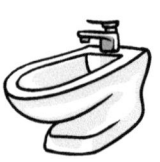

坐浴器

ithoyilethi le-bidet

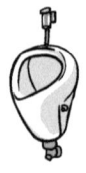

小便池

ithoyilethi lokuchama labesilisa

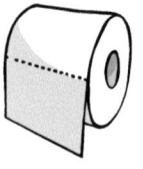

厕纸

iphepha lasethoyilethi

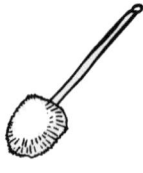

马桶刷

ibhrashi lasethoyilethi

牙刷

ibhrashi lamazinyo

牙膏

insipho yamazinyo

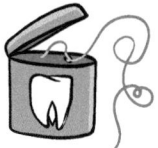

牙线

into yokuvungula

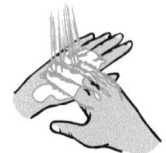

洗

washa

手持式喷淋头

ishawa ebanjwa ngesandla

冲洗器

uchatho

洗脸盆

u-basini

擦背刷

ibrashi lomhlane

肥皂

insipho

沐浴露

ijeli yeshawa

洗发水

ishampu

法兰绒

ishethi lesikoshi

排水

i-drain

乳霜

ukhilimu

除臭剂

into yokugcoba
amakhwapha

镜子

isibuko

手镜

isibuko esiphathwa
ngesandla

剃须刀

ireyza

剃须泡沫

igwebu lokushefa

须后水

umuthi ogcotshwa ngemva
kokushefa

梳子

ikama

刷子

ibhrashi

吹风机

into yokomisa izinwele

喷发定型剂

ispreyi sezinwele

化妆品

i-makeup

唇膏

into yokugcoba umlomo

指甲油

into yokususa upende
wezinzipho

化妆棉

uwuli kakotini

指甲剪

isikelo sezinzipho

香水

isigqolo

洗漱包

isikhwama sezinto zokugeza

凳子

isitulo

计重秤

isikali

浴袍

ingubo yokugeza

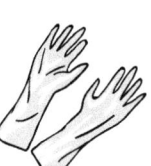

橡胶手套

amagilavu erabha

卫生棉条

ithemponi

卫生巾

iphedi yasesikhathini

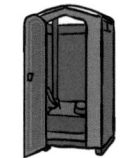

化学厕所

ithoyilethi lekhemikhali

儿童房
igumbi lezingane

闹钟
i-alamu yewashi elichonywayo
毛绒玩具
ithoyizi lokudlala
玩具车
imoto eyithoyizi
拨浪鼓
i-rattle
玩具屋
indlu kanodoli
礼物
isiphongo

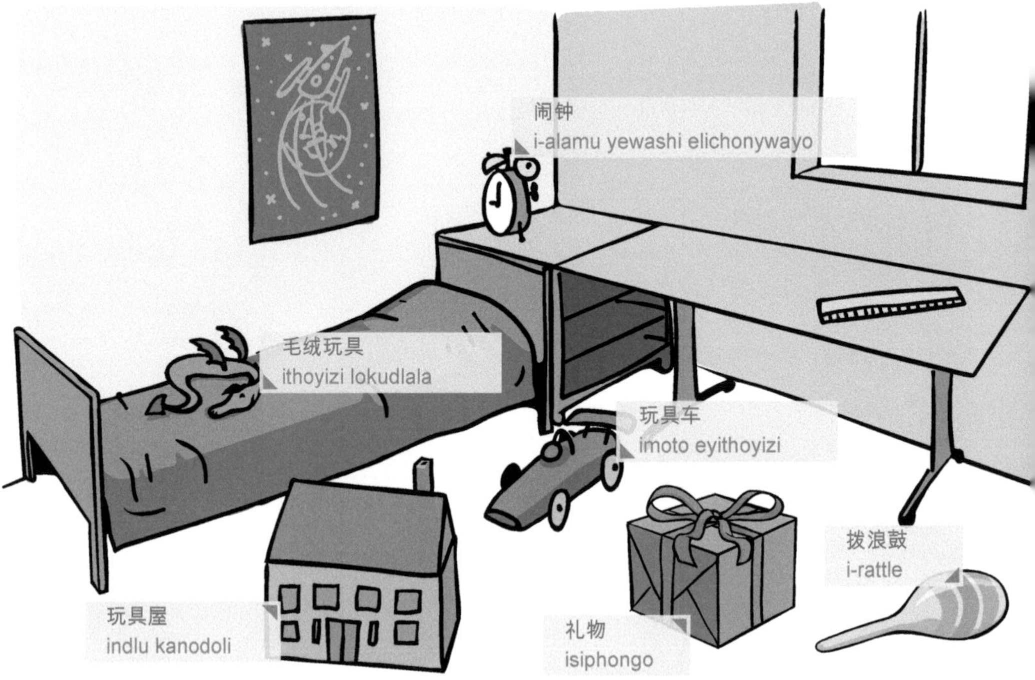

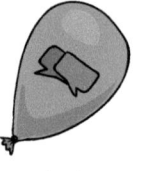

气球

ibhaluni

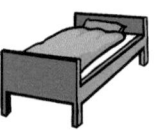

床

umbhede

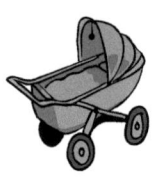

（洋娃娃用）婴儿车

iphremu

扑克牌

amakhadi

拼图

i-jigsaw

SUPER MEGA

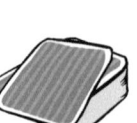

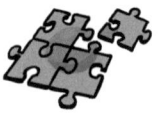

漫画

indaba edwetshiwe

乐高积木

amabrick elego

积木玩具

amabhuloksi okwakha

玩具人

unodoli weqhawe

婴儿服

izimpahla zezingane

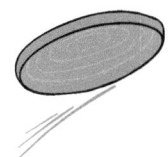

飞盘

i-frisbee

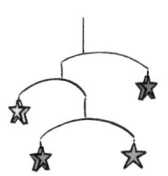

床铃玩具

amathoyizi ezingane
alengayo

棋盘游戏

ibhodi lokudlala igemu

骰子

idayisi

火车模型

isethi yesitimela

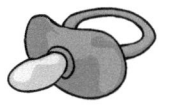

安抚奶嘴

idemu

聚会

iphathi

绘本

incwadi yezithombe

球

ibhola

洋娃娃

unodoli

玩

dlala

沙坑

umgodi wenhlabathi

秋千

uzwinki

玩具

amathoyizi

游戏机

umshini wamavidiyo geymu

三轮车

ibhayisikili elinemasondo amathathu

泰迪熊

uthedibhe

衣柜

u-wardrobe

衣服

izimpahla

袜子

amasokisi

长袜

amastokhingi

紧身裤

amathayithi

围巾
isikhafu

雨伞
i-amburela

T恤
ishethi

皮带
ibhande

靴子
amabhuthi

拖鞋
izicathulo zokulala

运动鞋
abaqeqeshi

凉鞋
amasandali

鞋
izicathulo

雨靴
amabhuthi erabha

内裤
iphenti

胸罩
u-bra

背心
ivesti

衣服 - izimpahla

45

身体

umzimba

裤子

amabhulukwe

牛仔裤

amajini

短裙

isiketi

女式衬衫

isikibha

衬衫

ishethi

套头衫

ijezi elinezigqoko

卫衣

i-hoodie

西装夹克

ibhuleyiza

夹克

ijakhethi

外套

ijazi

雨衣

i-raincoat

套装

ikhosyumu

连衣裙

ingubo

婚纱

ingubo yomshado

西装
isudu

睡袍
ingubo yokulala

睡衣
amaphijama

莎丽
ingubo yesari

头巾
isikhafu

包头巾
isigqoko se-turban

波卡
ibhukha

卡夫坦
ingubo yekaftani

(阿拉伯式)长袍
abaya

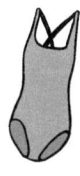

泳衣
impahla yokubhukuda

男式泳裤
amathranki

短裤
isikhindi

运动服
i-tracksuit

围裙
ingubo yokupheka

手套
amagilavu

纽扣
ibhathini

眼镜
izibuko

手链
ibhengela

项链
umgexo

戒指
indandatho

耳环
amacici

便帽
ikepisi

衣架
into yokuhenga ijazi

帽子
isigqoko

领带
uthayi

拉链
uziphu

头盔
ihelmethi

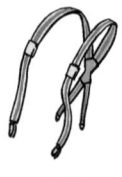

背带
ama-braces

校服
iyunifomu yesikole

制服
iyunifomu

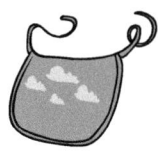

围兜

ibhayi lengane

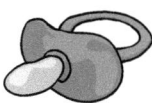

安抚奶嘴

idemu

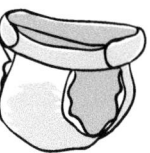

尿不湿

inabukeni

办公室

i-ofisi

服务器
iseva
文件柜
ikhabethe lamafayela
显示屏
imonitha
打印机
umshin wokuphrinta
纸
iphepha
鼠标
imawusi
办公桌
ideski
文件夹
ifolda
键盘
ikhibhodi
废纸篓
ibhaskidi yokulahla amaphepha
椅子
isihlalo
电脑
ikhompyutha

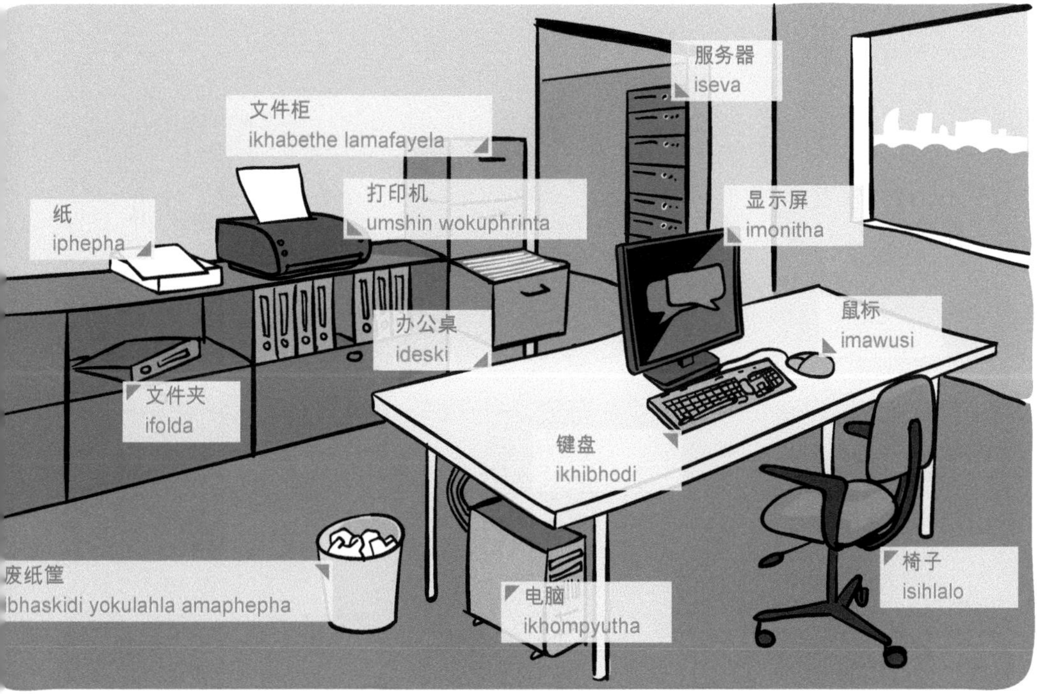

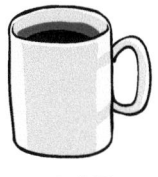

咖啡杯

imagi yekhofi

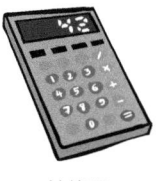

计算器

ikhalkhuletha

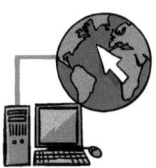

因特网

i-inthanethi

笔记本电脑
ilephuthophu

信件
incwadi

消息
umyalezo

手机
ifoni

网络
inethiwekhi

复印机
ifothokhophi

软件
i-software

电话
ucingo

插座
indawo yokupulaka

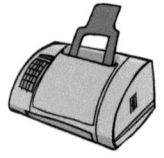

传真机
umshini wokufeksa

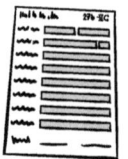

表格
ifomu

文件
idokhumenti

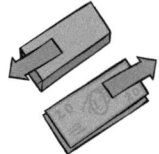

买

thenga

付钱

khokha

交易

shintshana

现金

imali

美元

idola

欧元

i-euro

日元

iyen

卢布

i-rouble

瑞士法郎

iSwiss franc

人民币

i-renminbi yuan

卢比

i-rupee

提款处

umshini wokukhipha imali

外币兑换处

i-bureau de change

金

igolide

银

isiliva

石油

amafutha

能源

amandla

价格

inani lemali

合同

ukuxhumana

税金

intela

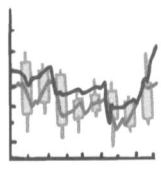

股票

isitokwe

工作

sebenza

职员

isisebenzi

老板

umqashi

工厂

ifekthri

商店

esitolo

职业

imisebenzi

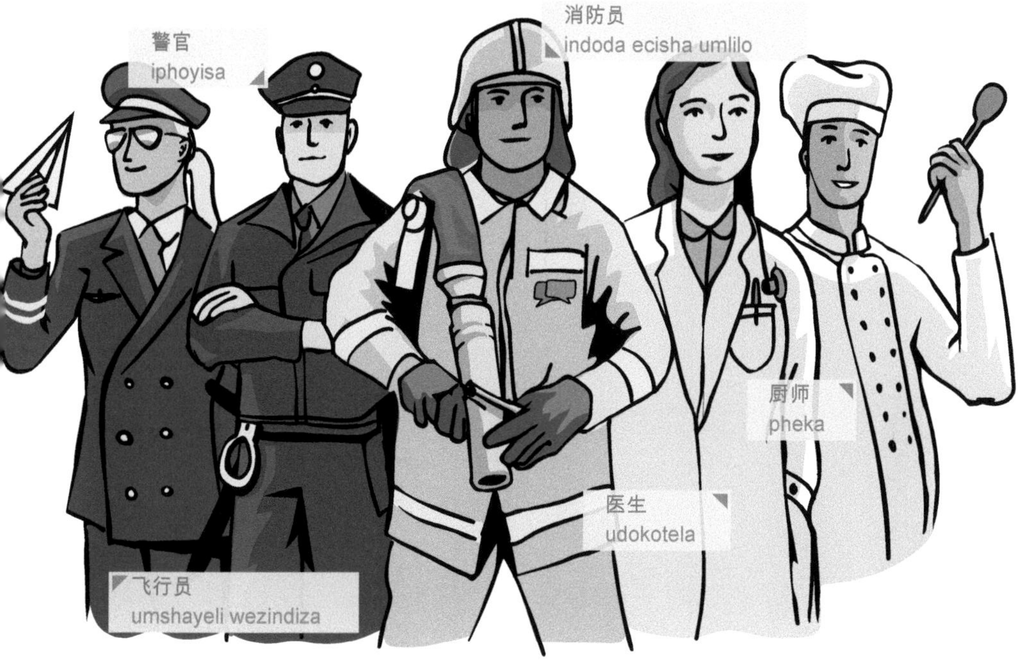
警官
iphoyisa
消防员
indoda ecisha umlilo
厨师
pheka
医生
udokotela
飞行员
umshayeli wezindiza

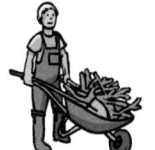

园丁

umuntu onakekela ingadi

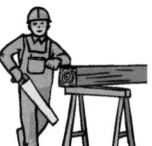

木匠

umbazi

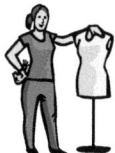

裁缝

umthungi

法官

ijaji

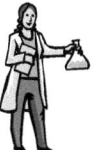

化学家

umuntu osebenza ekhemisi

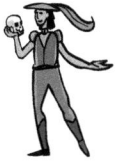

演员

umlingisi

公交车司机

umshayeli webhasi

出租车司机

umshayeli wetekisi

渔夫

indoda edoba izinhlanzi

清洁女工

owesifazane ohlanzayo

屋顶工

umuntu olungisa uphahla

服务员

uweyita

猎人

umzingeli

画家

umuntu opendayo

面包师

umbhaki

电工

umuntu osebenza ngogesi

建筑工人

umakhi

工程师

unjiniyela

屠夫

indawo edayisa inyama

水管工

umuntu osebenza
ngamapayipi

邮递员

indoda yaseposini

士兵

isosha

建筑师

umdwebi wezakhiwo

收银员

umbali wemali

花农

umuntu otshala izimbali

理发师

umuntu owenza izinwele

售票员

umqondisi wasesitimeleni

机械师

umakhenikha

船长

ukaputeni

牙医

udokotela wamazinyo

科学家

usosayensi

拉比

urabi

伊玛目

imam

和尚

indela

牧师

umfundisi

工具
amathuluzi

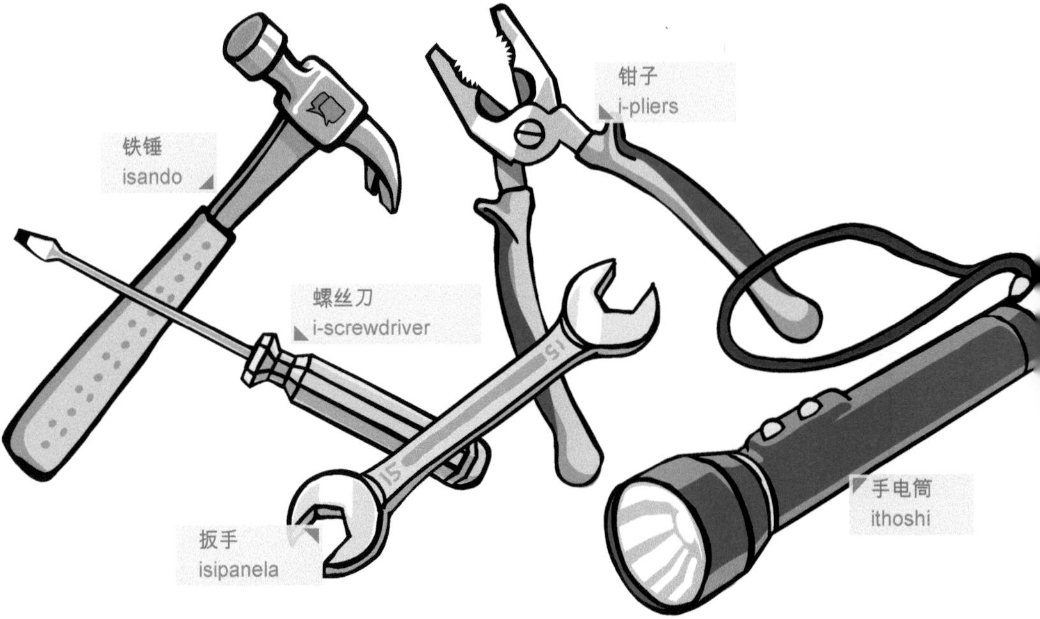

铁锤
isando
钳子
i-pliers
螺丝刀
i-screwdriver
手电筒
ithoshi
扳手
isipanela

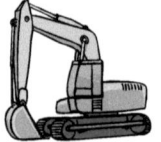

挖掘机

umshini wokumba

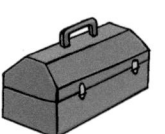

工具箱

ibhokisi lamathuluzi

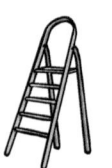

梯子

isitebhisi

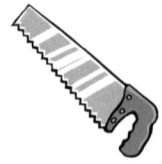

锯子

isaha

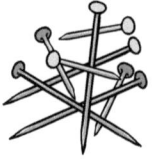

钉子

izinzipho

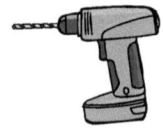

钻机

i-drill

修
lungisa

铲子
ifosholo

靠！
Damethi!

簸箕
idastipheni

油漆桶
ithini likapende

螺丝
i-screws

乐器
izinsimbi zomculo

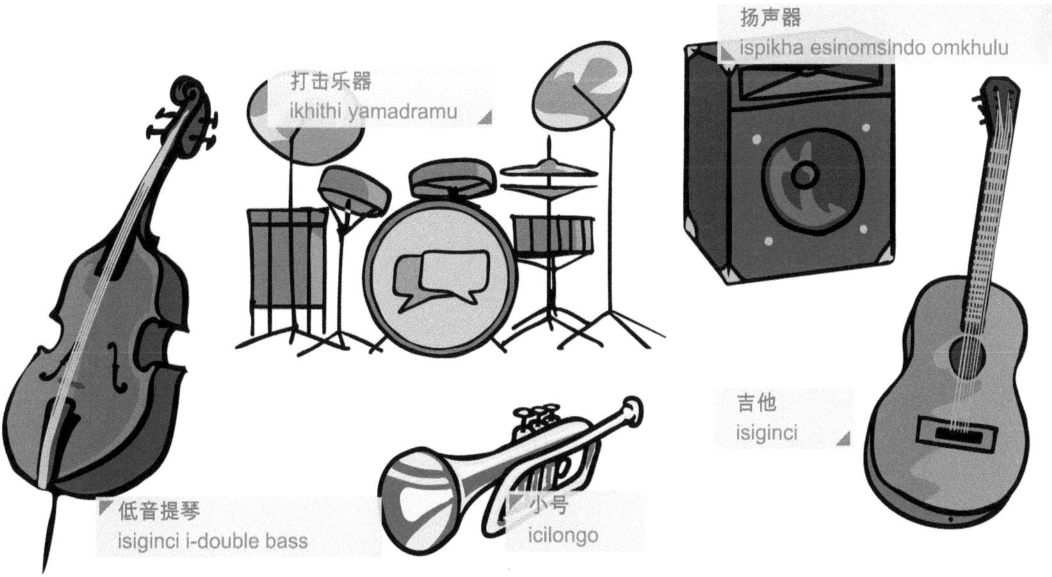

打击乐器
ikhithi yamadramu

扬声器
ispikha esinomsindo omkhulu

吉他
isiginci

低音提琴
isiginci i-double bass

小号
icilongo

钢琴

ipiyano

小提琴

ivayolini

贝斯

i-bass

定音鼓

ithimpani

鼓

amadramu

电子琴

i-keyboard

萨克斯管

i-saxophone

长笛

umtshingo

麦克风

imakhrofoni

动物园

esiqiwini

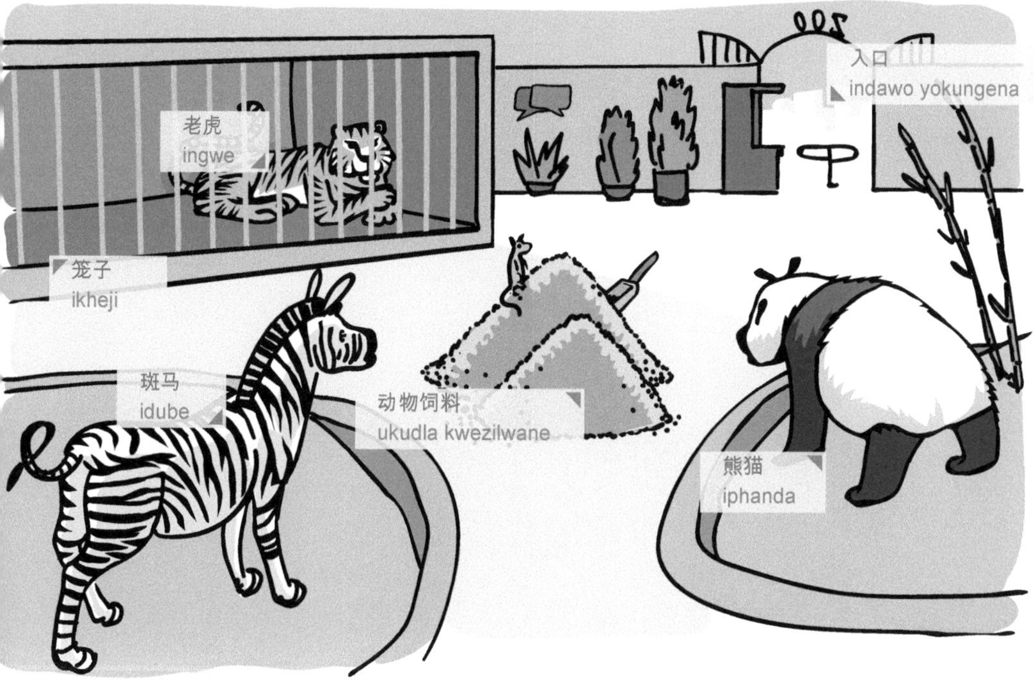

zoo
入口
indawo yokungena
老虎
ingwe
笼子
ikheji
斑马
idube
动物饲料
ukudla kwezilwane
熊猫
iphanda

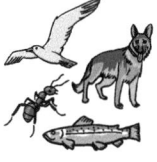

动物

izilwane

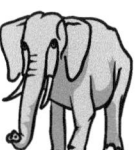

大象

indlovu

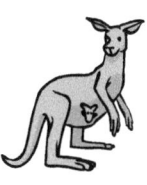

袋鼠

ikhangaru

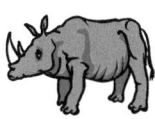

犀牛

ubhejane

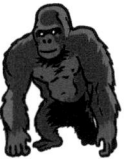

大猩猩

igorila

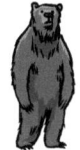

熊

ibhele

骆驼

ikamela

鸵鸟

intshe

狮子

ingonyama

猴子

inkawu

火烈鸟

i-flamingo

鹦鹉

upholi

北极熊

ibhele laseqhweni

企鹅

iphenguwini

鲨鱼

ushaka

孔雀

ipigogo

蛇

inyoka

鳄鱼

ingwenya

动物园管理员

umgcini wezilwane

海豹

isilwane saseqhweni

美洲豹

ijaguwa

矮种马

iponi

豹

ingwe

河马

imvubu

长颈鹿

indlulamithi

老鹰

ukhozi

野猪

intibane

鱼

inhlanzi

龟

ufudu

海象

i-walrus

狐狸

ujakalase

羚羊

inyamazane igazele

橄榄球
ibhola lezinyawo laseMelika

骑自行车
umdlali webhayisikili

网球
ithenisi

篮球
ibhola lomnqankiswano

游泳
ukubhukuda

拳击
isibhakela

冰球
i-ice hockey

英式足球
ibhola lezinyawo

羽毛球
i-badminton

田径
abasubathi

手球
ibhola lezandla

滑雪
ukushushuluza

马球
ipolo

活动
imisebenzi

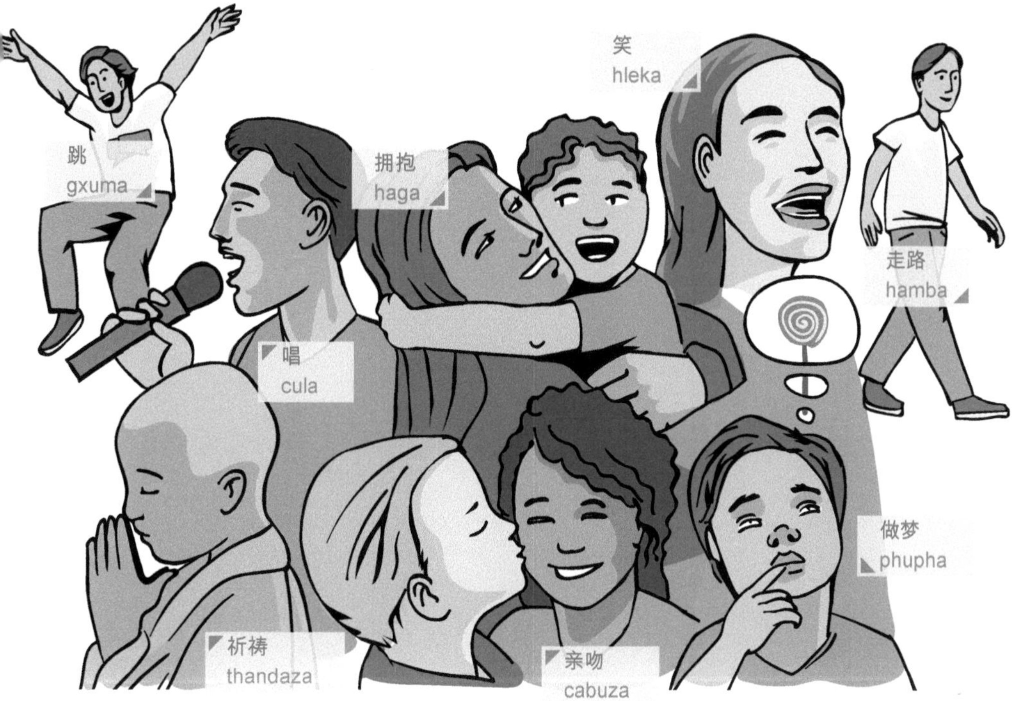
跳
gxuma
拥抱
haga
笑
hleka
走路
hamba
唱
cula
做梦
phupha
祈祷
thandaza
亲吻
cabuza

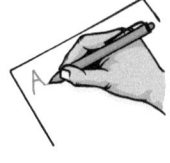

书写

bhala

画

dweba

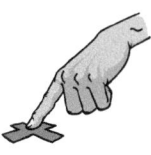

展示

bonisa

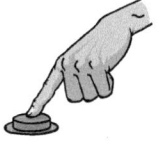

推

phusha

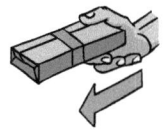

给

nikeza

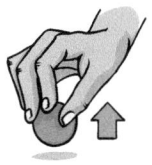

拿

thatha

有
yiba

做
yenza

当
yiba

站
sukuma

跑
gijima

拉
donsa

扔
phonsa

摔倒
yiwa

躺
amanga

等待
linda

携带
thwala

坐
hlala

穿衣
gqoka

睡觉
lala

醒来
vuka

看

bukela

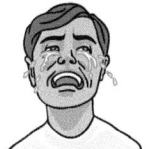

哭

khala

抚摸

qhweba

梳头

kama

交谈

khuluma

明白

qonda

问

buza

听

lalela

喝

phuza

吃

idla

清理

coca

爱

thanda

做饭

pheka

开车

shayela

飞

ndiza

航行

hamba ngomkhumbi

计算

bala

读

funda

学习

funda

工作

sebenza

结婚

shada

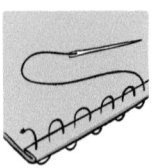

缝

thunga

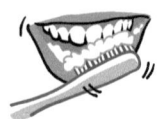

刷牙

geza amazinyo

杀

bulala

抽烟

bhema

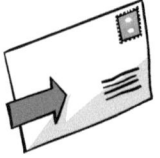

寄

thumela

家

umndeni

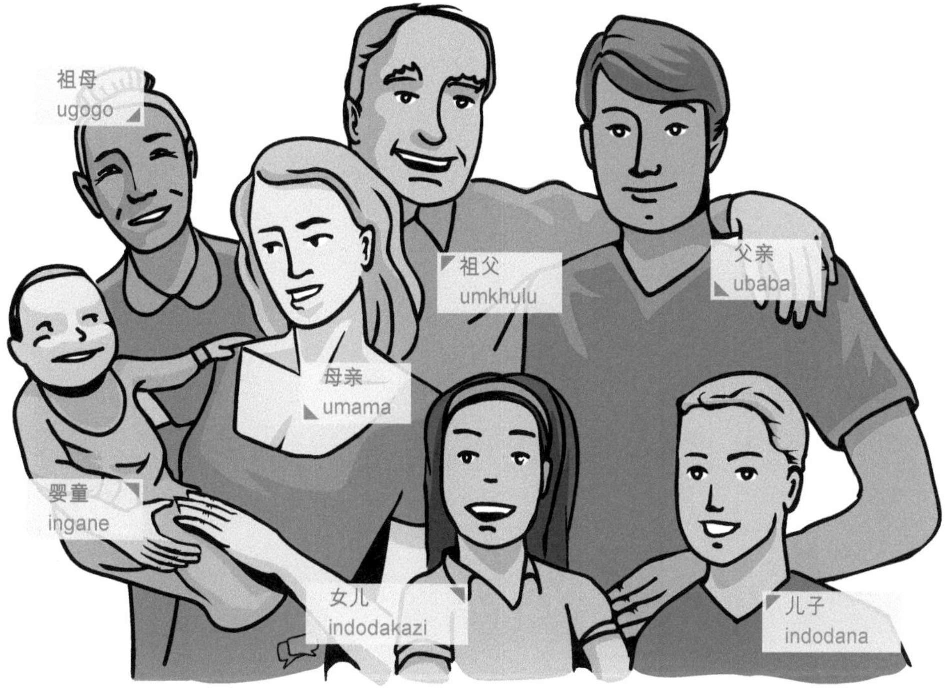
祖母
ugogo
祖父
umkhulu
父亲
ubaba
母亲
umama
婴童
ingane
女儿
indodakazi
儿子
indodana

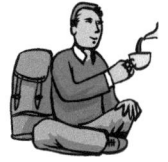

客人

isivakashi

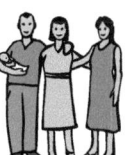

阿姨

u-anti

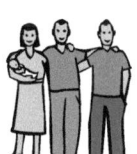

叔叔

umalume

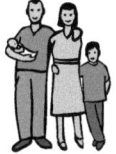

兄弟

umfowethu

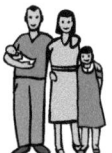

姐妹

udadewethu

身体

umzimba

前额
isiphongo
眼睛
amehlo
肩膀
ihlombe
手指
umunwe
脸
ubuso
下巴
isilevu
手
isandla
腿
umlenze
乳房
amabele
手臂
ingalo

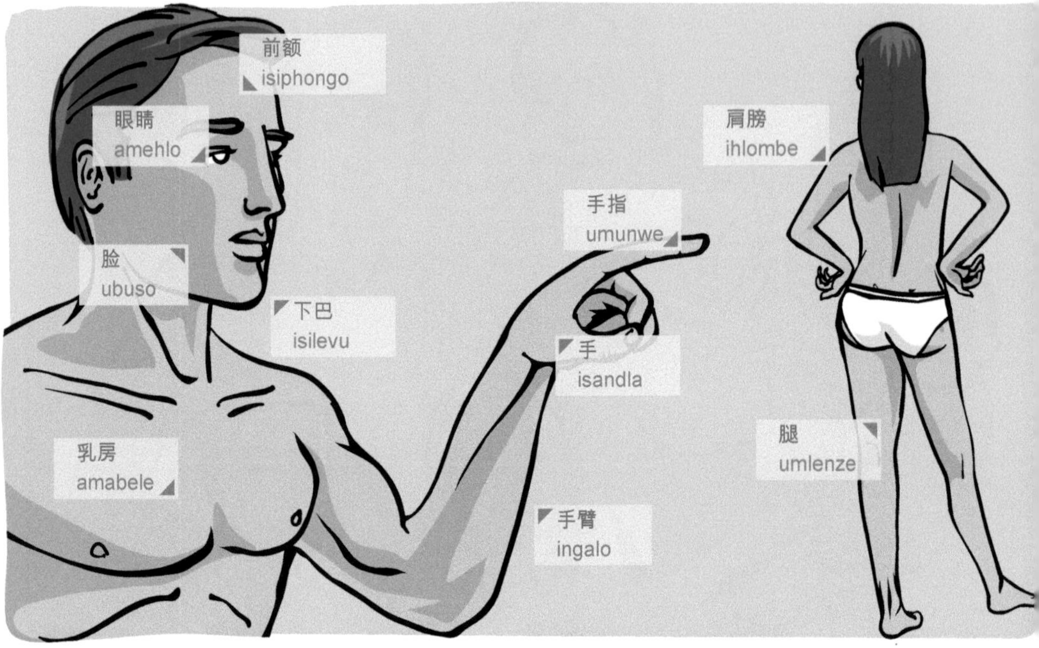

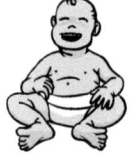

婴童
ingane

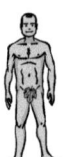

男人
indoda

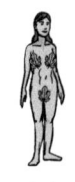

女人
owesifazane

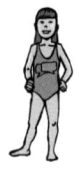

女孩
intombazane

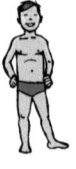

男孩
umfana

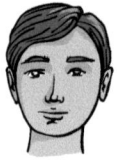

头
ikhanda

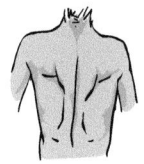

背部
umhlane

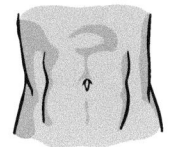

肚子
isisu

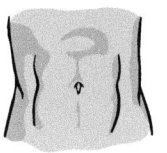

肚脐
inkaba

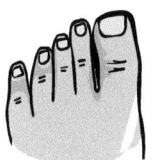

脚趾
izinzwane

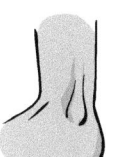

脚后跟
isithende

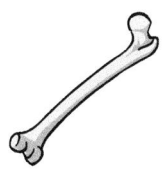

骨头
ithambo

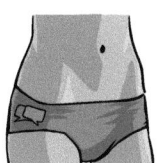

臀部
inqulu

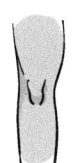

膝盖
idolo

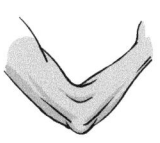

手肘
indololwane

鼻子
ikhala

屁股
ingenzansi

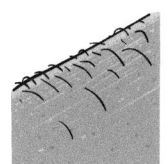

皮肤
isikhumba

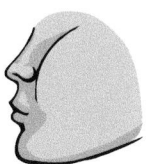

脸颊
iziqhomo

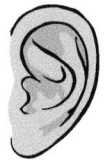

耳朵
indlebe

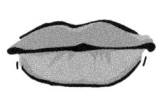

嘴唇
udebe

身体 - umzimba

69

嘴
umlomo

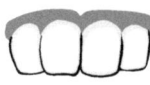

牙齿
amazinyo

舌头
ulimu

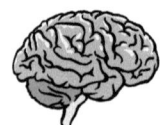

脑
ingqondo

心脏
inhliziyo

肌肉
imasela

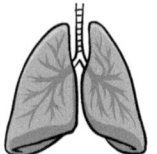

肺
uphaphe

肝脏
isibindi

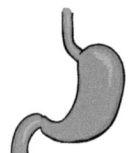

胃
isisu

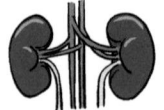

肾脏
izinso

性交
ucansi

避孕套
ikhondomu

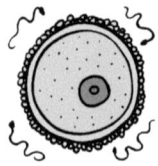

卵子
iqanda

精子
isidoda

怀孕
ukukhulelwa

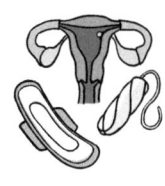

月经

ukuya esikhathini

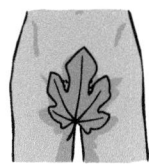

阴道

imomozi

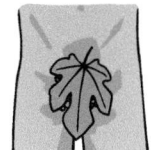

阴茎

umthondo

眉毛

ishiya

头发

izinwele

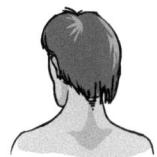

脖子

intamo

身体 - umzimba

医院

isibhedlela

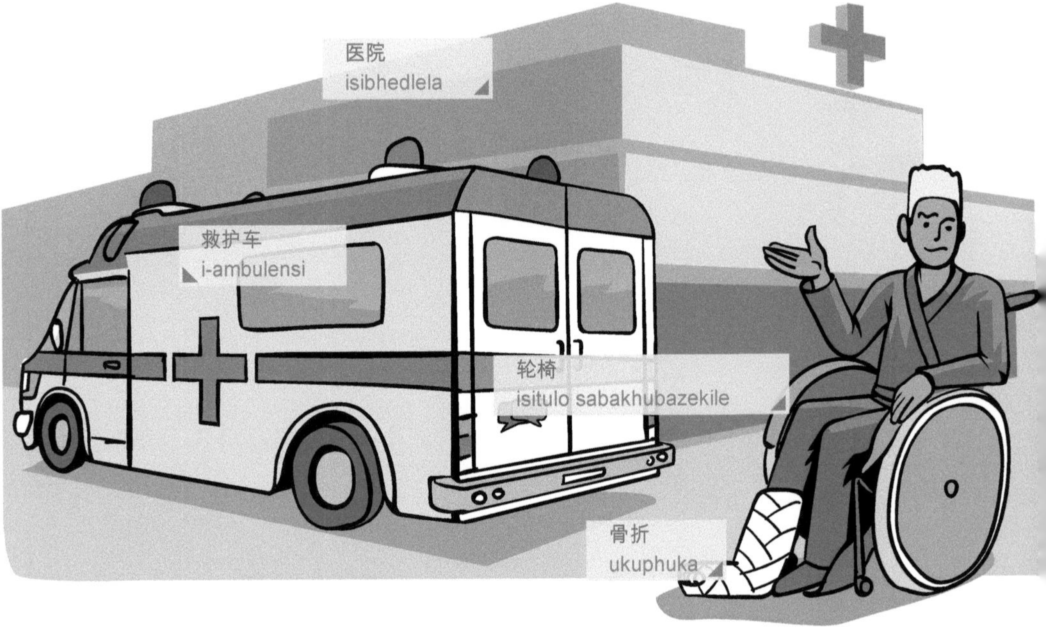

医院
isibhedlela
救护车
i-ambulensi
轮椅
isitulo sabakhubazekile
骨折
ukuphuka

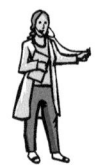

医生

udokotela

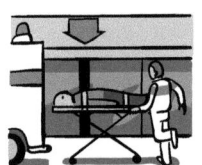

急诊室

igumbi leziguli ezidinga ukwelashwa okuphuthumayo

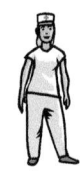

护士

umhlengikazi

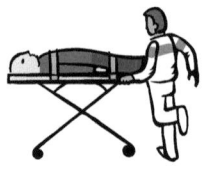

紧急情况

izimo eziphuthumayo

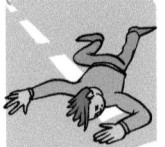

昏迷

ukuquleka

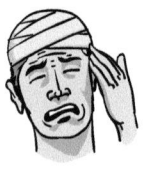

痛

ubuhlungu

受伤
ukulimala

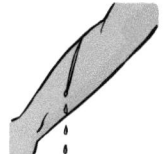

出血
ukopha

心脏病发作
isifo senhliziyo

中风
ukushaywa unhlangothi

过敏
ukungazwani komzimba
nezinto ezithile

咳嗽
ukukhwehlela

发烧
imfiva

流感
umkhuhlane

腹泻
ukuhuda

头痛
ukuphathwa ikhanda

癌症
umdlavuza

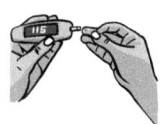

糖尿病
isifo sikashukela

外科医生
udokotela ohlinzayo

手术刀
isikalpheli

手术
ukuhlinzwa

CT

CT

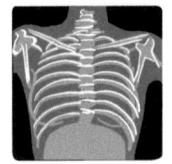

X光

i-x-ray

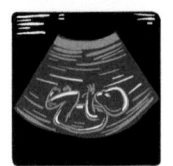

超声波

i-ultrasound

口罩

imaskhi yasebusweni

疾病

isifo

候诊室

igumbi lokulinda

拐杖

izinduko zokuhamba

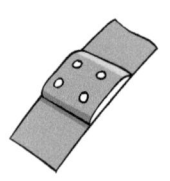

石膏

iplasta

绷带

ibhandishi

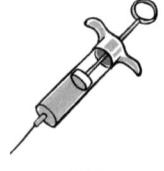

注射

umjovo

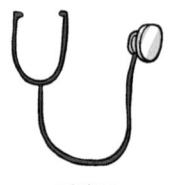

听诊器

izipopolo zikadokotela

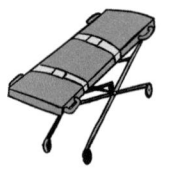

担架

i-stretcher

体温计

umshini okala izinga
lokushisa

出生

ukubeletha

超重

ukukhuluphala ngokweqile

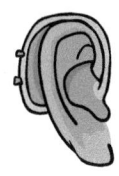

助听器

insizwa yokuzwa

消毒液

ukungatheleleki

感染

ukutheleleka

病毒

ivariyasi

艾滋病

HIV / AIDS

药物

umuthi

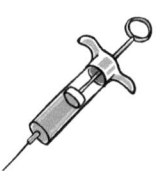

接种疫苗

umgomo

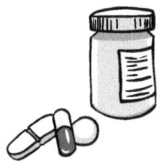

药片

amaphilisi

药丸

amaphilisi

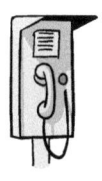

急救电话

ucingo oluphuthumayo

血压计

umshini okala umfutho wegazi

生病/健康

ukugula / ukuba umqemane

救命！
Sizani!

警报
i-alamu

突击
ukuhlasela

攻击
ukuhlasela

危险
ingozi

紧急出口
indawo yokubalekela
ngaphansi kwezimo
eziphuthumayo

着火啦！
Umlimo!

灭火器
isicimamlilo

意外
ingozi

急救箱
ikhithi yosizo lokuqala

呼救信号
SOS

警察
amaphoyisa

欧洲

Europe

北美洲

North America

南美洲

South America

非洲

Africa

亚洲

Asia

澳洲

Australia

大西洋

Atlantic

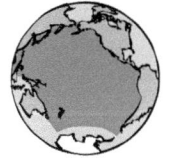

太平洋

Pacific

印度洋

Indian Ocean

南冰洋

Antarctic Ocean

北冰洋

Arctic Ocean

北极

North Pole

南极
South Pole

南极洲
Antarctica

地球
Umhlaba

陆地
umhlaba

海
izilwandle

岛
isiqhingi

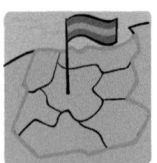

国家
izwe

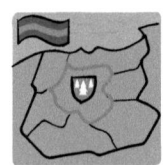

国家
inhlangano engokomthetho

钟面

ubuso bewashi

时针

isandla sehora

分针

isandla semizuzu

秒针

isandla sesibili

现在几点？

Ubani isikhathi?

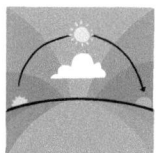

天

usuku

时间

isikhathi

现在

manje

电子表

iwashi lezibalo

分

umzuzu

时

ihora

周一
UMsombuluko

周三
ULwesithathu

周五
ULwesihlanu

周二
ULwesibili

周六
UMgqibelo

周四
ULwesine

周日
ISonto

昨天
izolo

今天
namhlanje

明天
kusasa

早晨
ekuseni

中午
emini

晚上
ntambama

工作日
izinsuku zeviki

周末
impelasonto

年

unyaka

雨
imvula
彩虹
uthingo
雪
ukukhithika kweqhwa
umoya
春
ithwasahlobo
夏
ihlobo
秋
ikwindla
冬
ubusika

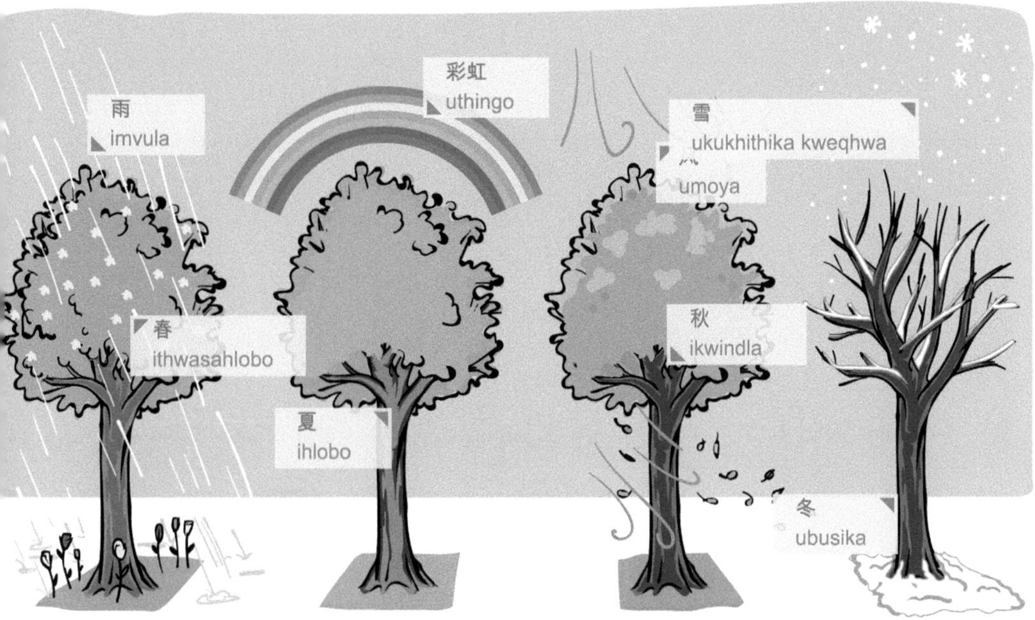

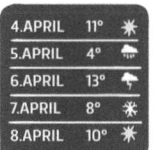

4.APRIL 11°
5.APRIL 4°
6.APRIL 13°
7.APRIL 8°
8.APRIL 10°

天气预报

isimo sezulu

F C
120 40
90 30
60 20
30 10
0 0
-30 -10
-20

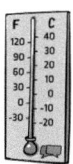

温度计

umshini wezinga lokushisa

阳光

ukushisa kwelanga

云

amafu

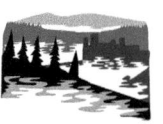

雾

inkungu

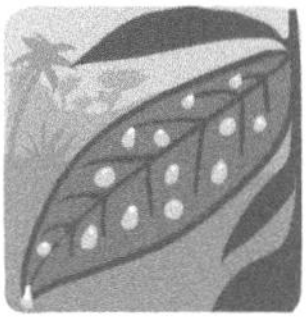

潮湿

umswakama

闪电

ummbani

打雷

ukuduma kwezulu

风暴

isiphepho

冰雹

isichotho

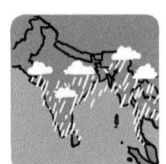

季风

imvula enkulu

洪水

izikhukhula

冰

iqhwa

一月

UMasingana

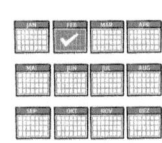

二月

UNhlolanja

三月

UNdasa

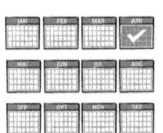

四月

UMbasa

五月

UNhlaba

六月

UNhlangulana

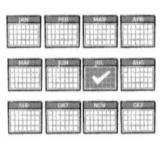

七月

UNtulikazi

八月

UNcwaba

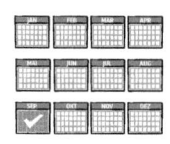

九月
UMandulo

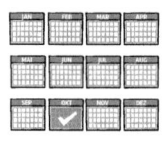

十月
UMfumfu

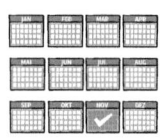

十一月
ULwezi

十二月
UZibandlela

圆形
indilinga

正方形
isikwele

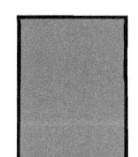

长方形
unxande

三角形
unxantathu

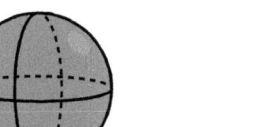

球体
i-sphere

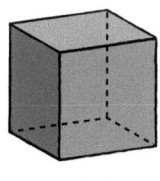

立方体
i-cube

白

kumhlophe

黄

kuphuzi

橙

ku-olenji

粉

kuphinki

红

kumbomvu

紫

kuphephuli

蓝

kuluhlaza
okwesibhakabhaka

绿

kuluhlaza

棕

kubhrawuni

灰

kuphashile

黑

kumnyama

很多/少许

kakhulu / kancane

生气/平静

ukucasuka / ubumnene

美/丑

ubuhle / ububi

首/尾

isiqalo / isiphetho

大/小

kukhulu / kuncane

明/暗

kuyakhanya / kumnyama

兄弟/姐妹

umfowethu / udadewethu

干净/肮脏

ukuhlanzeka / ukungcola

完整/缺失

ukuphelela / ukungapheleli

白天/晚上

imini / ubusuku

死/生

ukufa / ukuphila

宽/窄

ukuvuleka / ukunyinyeka

可食用/非食用

okudliwayo / okungadliwa

邪恶/善良

ukukhohlakala / umusa

兴奋/无聊

ukujabula / isithukuthezi

胖/瘦

ukunona / ukuzaca

第一/最后

ukuqala / ukugcina

朋友/敌人

umngane / isitha

满/空

ukugcwala / ukuphela

硬/软

ubunzima / ukuthamba

重/轻

ukusinda / ukubalula

饿/渴

ukulamba / ukoma

生病/健康

ukugula / ukuba umqemane

非法/合法

ngokomthetho / okungekho
emthethweni

聪明/愚笨

ukuhlakanipha /
isiphukuphuku

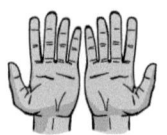

左/右

isinxele / esokudla

近/远

eduze / kude

新/旧

kusha / sekusebenzile

没有/有些

utho / okuthile

老/幼

okudala / okusha

开/关

vuliwe / kucishiwe

打开/合上

vula / vala

安静/吵闹

kuthulekile / kunomsindo

富/穷

ukuceba / ubumpofu

对/错

kulungile / akulungile

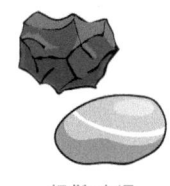

粗糙/光滑

kugadlazekile / kuyashelela

伤心/高兴

dabuka / jabula

短/长

kufishane / kude

慢/快

kuyanensa / kuyashesha

湿/干

ukuba manzi / ukoma

温暖/凉爽

ukufudumala / ukuphola

战争/和平

ukulwa / ukuthula

0

零

uziro

1

一

kunye

2

二

kubili

3

三

kuthathu

4

四

kune

5

五

kuhlanu

6

六

isithupha

7

七

isikhombisa

8

八

isishiyagalombili

9

九

isishiyagalolunye

10

十

ishumi

11

十一

ishumi nanye

12

十二

ishumi nambili

13

十三

ishumi nantathu

14

十四

ishumi nane

15

十五

ishumi nanhlanu

16

十六

ishumi nesithupha

17

十七

ishumi nesikhombisa

18

十八

ishumi nesishiyagalombili

19

十九

ishumi nesishiyagalolunye

20

二十

amashumi amabili

100

百

ikhulu

1.000

千

inkulungwane

1.000.000

百万

izigidi

英语

isiNgisi

美式英语

isiNgisi saseMelika

普通话

isiMandarin saseShayina

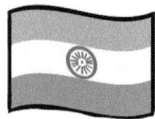

印地语

isiHindi

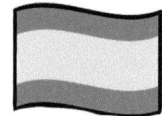

西班牙语

iSpanishi

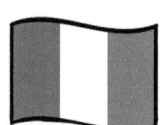

法语

isiFulentshi

阿拉伯语

isi-Arabhu

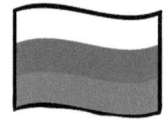

俄语

isiRashiya

葡萄牙语

isiPutukezi

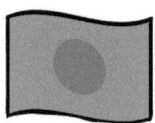

孟加拉语

isiBengali

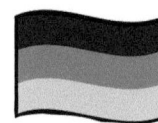

德语

isiJalimane

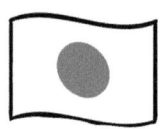

日语

isiJapane

我

Mina

你

wena

他/她/它

u / u / ku

我们

thina

你们

nina

他们

bona

谁？

ubani?

什么？

ini?

怎样？

kanjani?

哪里？

kuphi?

什么时候？

nini?

名字

igama

方位

kuphi

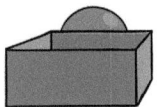

后面

ngemuva

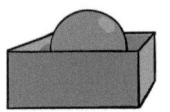

里面

ngaphakathi

前面

phambi kwe

上方

phezulu

上面

ngaphezulu

下面

ngaphansi

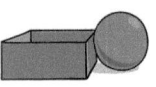

旁边

eceleni

中间

phakathi

地点

indawo